Avertissement :
Le texte de ce livre suit l'orthographe recommandée de 1990, dite « nouvelle orthographe ».
Le site www.orthographe-recommandee.info *l'explique.*
On peut trouver une communication de Michel Ocelot à ce sujet sur www.biennale-lf.org
à la rubrique Publications, 2005.

Casterman
Cantersteen 47
1000 Bruxelles

www.casterman.com

ISBN : 978-2-203-15769-9
N° d'édition : L.10EJDN001972.N001

Texte de Michel Ocelot, illustrations issues de son film *Dilili à Paris*.

Achevé d'imprimer en juillet 2018, en France, par l'imprimerie Pollina, 86158,
(Zone industrielle de Chasnais, 85407 Luçon Cedex).
Dépôt légal : septembre 2018 ; D.2017/0053/404
Déposé au ministère de la Justice, Paris (loi n°49.956 du 16 juillet 1949
sur les publications destinées à la jeunesse).

Dilili à Paris

Texte de Michel Ocelot

casterman

Le calme règne au village. Une femme fait cuire sa soupe, un grand garçon joue de la flute. La cuisinière appelle : « Dilili ! » Une petite fille surgit et découpe les carottes. Sa peau est un peu plus claire que les autres. Alors qu'elle travaille, un garçon à la peau étrangement pâle grimpe dans un arbre pour lui parler. Derrière lui, des gens très pâles portent des vêtements multicolores et observent la vie des villageois. Nous sommes à Paris, un village kanak a été mis en scène dans un jardin public, près de la tour Eiffel.

Le garçon s'appelle Orel. À la sortie du parc, il retrouve Dilili pour faire sa connaissance. Dilili saute à la corde et mange les frites d'Orel. La petite fille lui explique qu'elle veut observer Paris et les Parisiens : cela tombe bien, Orel, qui est livreur, peut l'emmener partout en triporteur ! Il lui recommande d'être très prudente, car des fillettes se font enlever et personne ne sait qui sont les « Mâles-Maitres » responsables de ces enlèvements. Dilili et Orel décident de mener l'enquête.

DAME
De Séville

La balade dans Paris commence. Confortablement assise à l'avant du tricycle, Dilili admire la beauté du jardin des Tuileries. « Je livre cette limonade et je reviens », lui dit Orel en s'éloignant. Malheureusement, la petite fille ne reste pas seule bien longtemps. Un drôle d'homme avec un anneau dans le nez commence à lui parler, mais Dilili reste méfiante. Elle a bien raison : lorsque Orel revient et que l'homme disparait aussitôt, les deux amis comprennent qu'elle vient d'échapper à un enlèvement ! Effrayés, ils se promettent de ne plus se séparer. Heureusement, la prochaine livraison d'Orel est bien plus agréable. Les deux amis sont invités par Marie Curie, une grande scientifique, pour le gouter.

Pendant le gouter, Dilili et Orel apprennent qu'une nouvelle fillette a été enlevée. Leur enquête les conduit jusqu'au sinistre Moulin du Diable, gardé par un chien furieux. L'énorme bête rouge les pourchasse et mord Orel à la cheville avant de s'effondrer. Horrifié, le garçon comprend que l'animal avait la rage, une maladie très contagieuse et mortelle. Vite, il faut se faire vacciner chez monsieur Pasteur ! Dilili se hisse sur la selle du tricycle, son ami blessé s'installe dans le caisson, et les voilà partis pour une folle descente dans les rues de Montmartre. Orel hurle : « Écartez-vous, j'ai la RAGE ! » La panique est immédiate parmi les passants. Le tricycle dévale les escaliers de Montmartre, rebondit, s'envole presque… et arrive avec fracas à l'Institut Pasteur. Orel est sauvé !

Dilili et Orel poursuivent leurs recherches de plus belle. Ils font ainsi la connaissance de deux grands artistes, Claude Monet et Auguste Renoir, dont Dilili apprécie beaucoup les peintures. Sur les conseils de Renoir, la fillette et Orel se rendent au cabaret du Moulin Rouge. Dilili admire les danseuses et les dessins du peintre Toulouse-Lautrec. Grâce à lui, la petite fille repère deux hommes avec un anneau dans le nez et surprend leur conversation : il s'agit bien de Mâles-Maitres en plein complot ! Dilili, Orel et Toulouse-Lautrec suivent leurs traces jusqu'à l'Irish American Bar. Là, ils apprennent que les Mâles-Maitres veulent voler les bijoux de la grande actrice Sarah Bernhardt… Dilili et Orel doivent tout faire pour les en empêcher.

Le jour du vol, Dilili et Orel sont cachés près de la bijouterie. Un Mâle-Maitre y entre avant Sarah Bernhardt. Pour l'empêcher de s'enfuir, Orel doit se faufiler près de son cabriolet et détacher discrètement le cheval. Dilili se place alors au milieu de la rue et exécute de superbes figures en sautant à la corde, pour faire diversion. Lorsque le Mâle-Maitre sort de la bijouterie, la petite fille fait tournoyer sa corde et la lance autour des chevilles du voleur. L'homme lâche sa sacoche en tombant et de magnifiques bijoux s'éparpillent sur le sol. Il se redresse et sautille vers son véhicule pour s'enfuir. Mais, au premier coup de fouet, le cheval part au galop… sans le cabriolet ! Victoire ! Deux Mâles-Maitres sont enfin arrêtés.

Dilili est devenue la fillette la plus célèbre de Paris. Désormais, elle ne doit plus prendre aucun risque car les Mâles-Maitres la recherchent. Orel fait appel à la cantatrice Emma Calvé, sa grande amie, pour s'assurer qu'il n'arrivera rien à Dilili. Emma décide que Lebeuf, son chauffeur, la conduira et la protégera. Dilili préférait le tricycle à sa belle automobile... Mais la situation ne convient pas non plus à Lebeuf : protéger une petite Kanake, c'est le comble du ridicule ! Dans la cour arrière de l'Opéra, le chauffeur peste. Un homme avec un anneau dans le nez vient alors à sa rencontre et l'invite à devenir un Mâle-Maitre pour se débarrasser de la fillctte. Convaincu, Lebeuf accepte de livrer Dilili.

Petit Journal

Pour le récompenser d'avoir enlevé Dilili, le Grand Mâle-Maitre reçoit Lebeuf. Le chef des malfaiteurs trône dans une immense salle dans les sous-sols de Paris et il porte une couronne de fer. D'une grosse voix, il explique la raison des enlèvements de fillettes : « Les femmes ont pris le pouvoir ! s'exclame-t-il. D'ailleurs, ce ne sont pas des femmes, mais des quatpates. » Stupéfait, Lebeuf comprend que les formes noires dans la salle sont en fait des femmes à quatre pattes, recroquevillées sur elles-mêmes et couvertes d'un tissu noir. Les fillettes sont capturées pour devenir des femmes soumises… Lebeuf frissonne. Il ne peut accepter ce qu'on fait à ces femmes.

Pendant ce temps, Emma et Orel attendent dans l'Opéra et sont terriblement inquiets : ils n'ont aucune nouvelle de Dilili ni de Lebeuf. Enfin, le chauffeur réapparaît et leur révèle ce qu'il a découvert. Sa rencontre avec le Grand Mâle-Maitre lui a ouvert les yeux et il veut désormais sauver Dilili, les fillettes et les femmes. Sans perdre de temps, Orel saute dans la barque-cygne d'Emma et va explorer les égouts. Il suit la trace de Dilili grâce à des petits papiers qui flottent dans le courant. La fillette a déchiré les pages de son carnet dans l'espoir que ses amis la retrouvent ! Grâce à son idée, Orel, Emma et Lebeuf repèrent l'emplacement de la cachette des Mâles-Maitres et peuvent épier les prisonnières à travers un trou dans le mur.

Dans la salle, une femme à quatre pattes, à la voix méchante, fait marcher au pas des petites formes à quatre pattes. Un Mâle-Maitre les surveille. Soudain, une petite quatpate se redresse et repousse son capuchon. C'est Dilili ! La femme et le Mâle-Maitre sont stupéfaits par cet acte inimaginable. Toutes les fillettes ont relevé la tête et dévorent Dilili des yeux. Bien décidée à s'enfuir, elle plonge dans l'eau sale et s'éloigne dans le tunnel obscur… Mais elle n'avait pas deviné qu'une grille empêcherait sa fuite. Alors qu'elle croit que tout est perdu, une lumière apparait et l'éblouit. Ce sont les phares de la barque-cygne, où se trouvent Lebeuf, Orel et Emma ! Avec leur aide, Dilili est délivrée. Lebeuf dépose délicatement la fillette sur le bord de la barque. N'en pouvant plus, Dilili éclate en sanglots et se réfugie dans les bras protecteurs de ses trois amis.

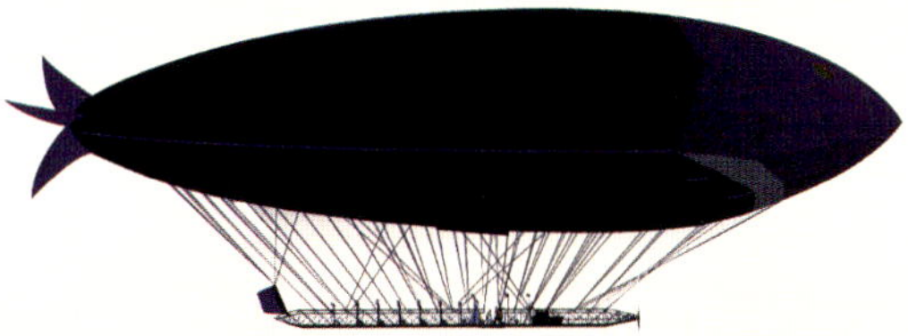

Nos héros ont troqué leurs vêtements sales pour de merveilleux costumes d'opéra. Ils cherchent comment sauver les fillettes. Leur plan repose sur le travail de l'aéronaute Santos-Dumont, capable de concevoir un immense ballon dirigeable. Ils auront aussi besoin de l'aide de monsieur Eiffel et du comte von Zeppelin, qui fournira la toile. Quelques semaines plus tard, le ballon est achevé. Il traverse le ciel étoilé de Paris et se pose sans un bruit sur la haute cheminée décrite par Dilili. Une échelle de corde est déroulée dans le conduit. Dilili, Orel et Lebeuf sont prêts à plonger dans le monde des Mâles-Maitres.

La cheminée débouche sur un espace vide et sombre. Orel et Lebeuf trouvent la surveillante endormie dans son lit. En un instant, ils la bâillonnent et l'attachent. Dilili se précipite alors auprès des fillettes qui dorment sur des lits de paille : « Réveillez-vous, on s'échappe ! » Les fillettes courent jusqu'à l'échelle où Lebeuf et Orel les aident à grimper. Tout en haut, Emma et Santos-Dumont les accueillent et les installent sur des sièges à pédales et à hélices : le ballon aura besoin de l'énergie de tout le monde pour reprendre son envol. En bas, soudain, du bruit résonne derrière le petit groupe. Les Mâles-Maitres ont découvert la fuite des fillettes ! Pour les ralentir, Orel incendie les lits de paille. Il emmène la dernière petite fille sur son dos et monte à l'échelle juste à temps. Lentement, le ballon prend de la hauteur dans le ciel de Paris.

L'équipage du ballon pédale énergiquement. C'est un moment de fête : Santos-Dumont allume de magnifiques guirlandes, Dilili met un joli bijou dans ses cheveux et tout le monde chante ! « Le soleil et la pluie, le jour et la nuit, les fleurs et les fruits… » Les voix des fillettes sont douces, celle d'Emma Calvé est extraordinaire. Alors que le dirigeable approche de la tour Eiffel, les fillettes saluent des personnalités très élégantes qui participent à un diner au premier étage.

Doucement, le ballon descend puis se pose au pied de la tour Eiffel. Les fillettes bondissent vers leurs parents, leurs frères et sœurs qui les attendaient. Tout le monde est heureux… Mais Dilili reste seule dans le dirigeable. Des voix de fillettes s'écrient : « Il faut remercier Dilili, elle nous a sauvées ! » Orel, Emma et Lebeuf enlacent la petite fille. Entourée de ses amis, Dilili sourit de bonheur.

Le soleil et la pluie,
les fleurs et les fruits,
le jour et la nuit,